NÜTZLICHES PLÄTZCHEN-WISSEN

FRISCH EINGETROFFEN

NEUE BLITZ-IDEEN
AUS DER PLÄTZCHEN-BACKSTUBE

KLASSIKER NEU INTERPRETIERT

PLÄTZCHEN CROSSOVER

ÜBERZEUGEN SIE SICH SELBST!
PLÄTZCHENBACKEN GEHT GANZ FIX
UND IST KINDERLEICHT.

KLEINE PLÄTZCHEN-KUNDE

WELCHE TEIGE EIGNEN SICH ZUM PLÄTZCHENBACKEN?

GIBT ES ZUTATEN, DIE DAS PLÄTZCHENBACKEN BESCHLEUNIGEN?

WIE BEWAHRE ICH PLÄTZCHEN AM BESTEN AUF?

GELINGEN PLÄTZCHEN AUCH MIT VOLLKORNMEHL?

WIE LANGE SIND PLÄTZCHEN HALTBAR?

Klassisch ist der Mürbeteig, den man gut gekühlt zur Teigplatte ausrollt und daraus Plätzchen aussticht. Schmeckt toll, sieht sehr schön aus, braucht aber ein bisschen Zeit. In der Last-Minute-Plätzchenstube dürfen deshalb Cookie-, Baiser-, Rühr- oder Lebkuchenteig nicht fehlen. Die lassen sich schnell zusammenrühren und einfach mit zwei Löffeln formen und aufs Blech bringen. Für Gebäck, das rasch verzehrt wird, eignen sich außerdem Blätter-, Strudel- oder Yufkateig als Hülle für weihnachtliche Füllungen mit Nüssen, Gewürzen und Trockenfrüchten.

Es gibt mittlerweile fast alle Nusssorten gemahlen oder gehackt zu kaufen. Marzipan, Nuss-Nougat-Creme, Trockenfrüchte, Schokoküsse oder fertige Mohnmasse sparen in der Blitz-Backstube ebenfalls viel Zeit. Und mit etwas Fantasie lassen sich Fertigteige im Handumdrehen weihnachtlich auftunen. Ein Beispiel gefällig? Schokoladenkuchenteig aus dem Kühlregal mit 2 TL Lebkuchengewürz und 100 g gehackten Walnüssen verfeinern, aufs Blech streichen, backen, in Rauten schneiden – fertig sind die Weihnachtsbrownies.

Am längsten halten sich Plätzchen frisch, wenn man sie nach dem Backen gut auskühlen lässt und in Blechdosen verpackt. Dabei gilt: Immer nur eine Sorte pro Dose aufbewahren. Und am besten an einen kühlen und trockenen Ort stellen. Damit Gebäck aus Lebkuchenteig schön saftig bleibt, einen Apfelschnitz mit Butterbrotpapier umwickeln und mit in die Dose legen. Der spendet Feuchtigkeit. Apfel nach 3 bis 4 Tagen wechseln, sonst kann er zu schimmeln beginnen.

Vollwert-Freunde können natürlich Auszugsmehl ganz oder teilweise durch Vollkornmehl ersetzen. Aber Achtung: Vollkornmehl saugt mehr Flüssigkeit auf. Wenn der Teig zu trocken ist, nach und nach zusätzliche Flüssigkeit in Form von Milch oder Wasser zugeben, bis die gewünschte Konsistenz erreicht ist.

Das kommt auf die Sorte an. Lebkuchen bewahren, richtig gelagert, Aroma und Konsistenz bis zu 6 Wochen. Mürbeteiggebäck, Cookies und Makronen kann man 3 bis 4 Wochen aufbewahren. Marzipan-Plätzchen sollte man in 2 Wochen verzehren. Weihnachtliches Gebäck aus Rühr-, Blätter-, Strudel- oder Yufkateig muss rasch verzehrt werden. Es bleibt 2 bis 3 Tage in einer luftdichten Plastikdose frisch.

PLÄTZCHEN FRISCH EINGETROFFEN

karibisch

COCOLINCHEN

200 g Marzipanrohmasse ++ 80 g Puderzucker ++ 75 g Kokosflocken ++ 3 EL Cointreau ++ abgeriebene Schale von 1/2 Bio-Orange

Außerdem: Orangeat zum Verzieren ++ Puderzucker zum Bestäuben

---

Für ca. 35 Stück | Zubereitung **30 Min.** | Backzeit **15 Min.**
Pro Stück ca. **50 kcal, 1 g EW, 3 g F, 6 g KH**

---

1 Den Backofen auf 180° (Umluft 160°) vorheizen. Marzipanrohmasse, Puderzucker, Kokosflocken, Cointreau und Orangenschale mit den Knethaken des Handrührgerätes oder mit den Händen zu einem glatten Teig verkneten.

2 Aus dem Teig mit den Händen 35 haselnussgroße Kugeln formen und auf ein mit Backpapier ausgelegtes Backblech setzen. In die Mitte jeder Kugel 1 Stückchen Orangeat drücken. Cocolinchen im Ofen (Mitte) ca. 15 Min. backen, erkalten lassen und mit Puderzucker bestäuben.

CHRISTMAS-PUDDING-KUGELN

Frucht-power

50 g Rosinen
50 g getrocknete Aprikosen
50 g getrocknete Datteln
50 g getrocknete Pflaumen
50 g getrocknete Apfelscheiben
2 eingelegte Ingwerpflaumen (Ingwer in Sirup)
abgeriebene Schale von 1 Bio-Orange
abgeriebene Schale von 1 Bio-Zitrone
50 g gehackte Mandeln
1 TL Lebkuchengewürz
75 g brauner Zucker
3 EL Grand Marnier (ersatzweise Apfelsaft)
150 g Margarine
2 Eier
150 g Butterkekse
50 g Mehl

Für ca. 50 Kugeln | Zubereitung **30 Min.** | Backzeit **20 Min.**
Pro Stück ca. **70 kcal, 1 g EW, 4 g F, 8 g KH**

1 Rosinen, Aprikosen, Datteln, Pflaumen, Apfelscheiben und Ingwerpflaumen klein hacken und mit der Orangen- und Zitronenschale und den gehackten Mandeln vermischen. Lebkuchengewürz und Zucker zugeben und mit dem Grand Marnier beträufeln.

2 Backofen auf 200° (Umluft nicht geeignet) vorheizen. Die Margarine in einem Topf schmelzen und mit den Eiern zur Früchtemasse geben. Alles gut vermischen. Butterkekse im Blitzhacker grob zerkleinern und dazugeben, dann das Mehl darüberstreuen und alles gut verrühren.

3 Ein Backblech mit Backpapier belegen. Aus der Masse mit befeuchteten Händen walnussgroße (2–3 cm Ø) Kugeln rollen und mit Abständen auf das Backblech setzen. Die Christmas-Pudding-Kugeln im Backofen (Mitte) ca. 20 Min. backen. Aus dem Ofen nehmen und auskühlen lassen.

Genuss von der Stange

VANILLESTANGERL

200 g Mehl ++ 100 g geschälte, gemahlene Mandeln ++ 1 Päckchen Vanillepuddingpulver ++ 100 g Zucker ++ 3 EL Vanillezucker ++ 1/2 TL Salz ++ 180 g Butter

Für ca. 75 Stück | Zubereitung **15 Min.** | Backzeit **15 Min.**
Pro Stück ca. **105 kcal, 1 g EW, 7 g F, 10 g KH**

1 Backofen auf 180° (Umluft 160°) vorheizen und ein Backblech mit Backpapier auslegen. Das Mehl mit den Mandeln und dem Puddingpulver mischen und beiseitestellen. Zucker, 1 EL Vanillezucker und Salz mit der Butter cremig schlagen und die Mehl-Pudding-Mischung unterkneten.

2 Den Teig zwischen zwei ca. 25 cm langen Lagen Frischhaltefolie ca. 1 cm dick zu einem Rechteck (ca. 18 x 12 cm) ausrollen. Die obere Folie abziehen und den Teig gleichmäßig mit dem restlichen Vanillezucker bestreuen. Die Folie nochmal leicht auf den Teig legen und den Zucker etwas andrücken. 3 cm lange und 1 cm breite Stangen ausschneiden und auf das Backblech legen. Im Ofen (Mitte) ca. 15 Min. backen. Aus dem Ofen nehmen und auskühlen lassen.

KARAMELL-MANDEL-COOKIES

crunchy

150 g gebrannte Mandeln
120 g Nougatschokolade
110 g Margarine
100 g brauner Zucker
25 g Karamellsirup zum Aromatisieren von Kaffee
1 Ei
150 g Mehl
1 TL Backpulver
1/2 TL Salz
75 g Schokoladentropfen

Für ca. 25 Stück | Zubereitung **25 Min.** | Backzeit **25 Min.**
Pro Stück ca. **145 kcal, 2 g EW, 8 g F, 16 g KH**

1 Die gebrannten Mandeln im Blitzhacker oder mit einem scharfen Messer grob hacken. Den Backofen auf 160° vorheizen. Die Nougatschokolade im heißen Wasserbad schmelzen und leicht abkühlen lassen.

2 Inzwischen Margarine, Zucker und Karamellsirup cremig schlagen, dann das Ei unterrühren. Mehl, Backpulver und Salz mischen und mit der geschmolzenen Schokolade unter den Teig kneten. Zuletzt die Schokoladentröpfchen und die gebrannten Mandeln unterarbeiten.

3 Mit zwei Teelöffeln kleine Teighäufchen auf ein mit Backpapier ausgelegtes Blech setzen. Zwischen den Häufchen etwas Platz lassen, da sie beim Backen auseinanderfließen. Im Ofen (Mitte, Umluft 140°) ca. 25 Min. backen.

MEIN PRAXIS-TIPP

Für ein Wasserbad braucht man einen Topf und eine (Metall-)Schüssel, die in den Topf passt. So viel Wasser in den Topf füllen, dass es den Schüsselboden berührt. Die Schokolade in die Schüssel geben. den Topf mit der Schüssel bei mittlerer Hitze erwärmen, bis die Schokolade geschmolzen ist. Eventuell mal rühren, aber Vorsicht: Es darf kein Wasser in die Schokolade kommen!

ein Hauch Orient

STRUDELRÖLLCHEN MIT GEWÜRZFÜLLUNG

100 g getrocknete Aprikosen
100 g getrocknete Bananen
50 g gehackte Mandeln
je 1/4 TL gemahlener Kardamom und Zimtpulver
1 Prise Nelkenpulver
1 EL Vanillezucker
100 ml Orangensaft
1 Packung Strudel-Teig (200 g, Kühlregal)
Milch zum Bestreichen

Für ca. 16 Stück | Zubereitung **20 Min.** | Backzeit **10 Min.**
Pro Stück ca. **100 kcal, 3 g EW, 3 g F, 16 g KH**

1 Aprikosen und Bananen in kleine Stückchen hacken und in eine Schüssel geben. Den Backofen auf 200° (Umluft 180°) vorheizen.

2 Mandeln, Kardamom, Zimt, Nelken und den Vanillezucker zu den Früchten geben und vermengen. Orangensaft unterrühren, bis eine homogene Masse entsteht.

3 Den Strudelteig auf 100 x 23 cm ausrollen und in ca. 15 cm breite Streifen schneiden. Die einzelnen Streifen schräg halbieren, sodass Dreiecke entstehen. Auf jedes breite Ende eines Dreiecks je 1 EL Früchtefüllung geben, den Teig seitlich einschlagen und bis zur Spitze hin aufrollen. Die fertigen Röllchen auf ein mit Backpapier belegtes Backblech legen und mit ein wenig Milch bepinseln.

4 Im Ofen (Mitte) ca. 10 Minuten backen, zwischendurch nochmals mit ein wenig Milch bepinseln, damit die Röllchen eine schöne Kruste bekommen. Nach Ende der Backzeit herausnehmen und 5 Minuten ruhen lassen.

KLASSIKER NEU INTERPRETIERT

weckt die Knusper-lust

KNUSPERMÜSLI-FLORENTINER

50 g getrocknete Aprikosen ++ 40 g Zartbitterschokolade ++ 100 g Margarine ++ 100 g Zucker ++ 100 g Honig ++ 100 g Mandelblättchen ++ 200 g Knuspermüsli ++ 50 g Rosinen

Für ca. 60 Stück | Zubereitung **15 Min.** | Backzeit **15 Min.**
Pro Stück ca. **55 kcal, 1 g EW, 3 g F, 7 g KH**

1 Den Ofen auf 180° (Umluft 160°) vorheizen. Aprikosen fein würfeln. Die Schokolade grob hacken. Margarine, Zucker und Honig in einen Topf geben und bei mittlerer Hitze erwärmen, bis die Margarine geschmolzen ist und der Zucker sich gelöst hat. Dann noch ca. 3 Min. leicht kochen lassen. Den Topf vom Herd nehmen.

2 Aprikosen, Schokolade, Mandeln, Müsli und Rosinen unter die Zucker-Fett-Masse rühren. Die Masse auf ein mit Backpapier belegtes Blech streichen und im Ofen (Mitte) ca. 15 Min. backen, bis die Oberfläche leicht gebräunt ist. Etwas auskühlen lassen, bis die Karamellmasse fest geworden ist. Dann mit einem scharfen Messer in Quadrate von ca. 2 x 2 cm schneiden.

LEBKUCHEN-SCHNITTEN

Für den Mürbeteig:
110 g Margarine
2 Eier
130 g Zucker
1 TL Backpulver
300 g Mehl
2 EL Kakaopulver

Außerdem:
Mehl zum Arbeiten

Für den Belag:
je 200 g ganze Mandeln und Haselnüsse
150 g Orangeat
150 g Zitronat
4 Eier
180 g Puderzucker
1 1/2 TL Lebkuchengewürz
Salz

hält bis zum 24.

Für ca. 90 Stück | Zubereitung **30 Min.** | Backzeit **35 Min.**
Pro Stück ca. **80 kcal, 2 g EW, 4 g F, 9 g KH**

1 Alle Zutaten für den Mürbeteig mit den Knethaken des Handrührgeräts zu einem krümeligen Teig verkneten. Die Krümel auf ein mit Backpapier belegtes tiefes Blech geben und mit bemehlten Händen zu einer Teigplatte festdrücken.

2 Den Backofen auf 175° vorheizen. Nüsse mit Orangeat und Zitronat mischen und im Blitzhacker fein hacken. Die Eier mit dem Puderzucker schaumig rühren und Lebkuchengewürz, 1 Prise Salz und die Nuss-Zitronat-Orangeat-Mischung unterheben. Die Lebkuchenmasse auf den Mürbeteig streichen. Im Ofen (Mitte, Umluft 160°) ca. 30 Min. backen, leicht auskühlen lassen und in 2 x 2 cm große Würfel schneiden.

MEIN DEKO-TIPP

Besonders lecker schmecken die Schnitten, wenn man sie mit Schoko- oder Puderzuckerguss bepinselt. Ob Vollmilch- oder Zartbitterschokolade, entscheidet man nach Vorliebe. Für den Zuckerguss 200 g Puderzucker mit 4 EL Zitronensaft, Wasser oder Rotwein dick anrühren.

NUSS-FRUCHT-ECKEN

eine Sünde wert

Für den Teig:
110 g Margarine
2 Eier
1 Päckchen Vanillezucker
130 g Zucker
1 TL Backpulver
300 g Mehl

Für den Belag:
4 gehäufte EL Pflaumenmus
200 g Studentenfutter
200 g gemahlene Haselnüsse
1 TL Lebkuchengewürz (nach Belieben)
200 g Margarine
200 g Zucker

Außerdem:
Mehl zum Arbeiten

Für ca. 60 Stück | Zubereitung **30 Min.** | Backzeit **35 Min.**
Pro Stück ca. **125 kcal, 2 g EW, 8 g F, 12 g KH**

---

1 Den Backofen auf 175° vorheizen. Alle Teigzutaten mit den Knethaken des Handrührgeräts zu einem krümeligen Teig kneten. Die Fettpfanne des Backofens mit Backpapier auslegen. Die Teigkrümel darauf verteilen und mit bemehlten Händen zu einem geschlossenen Teigboden festdrücken.

2 Das Pflaumenmus auf dem Teigboden verteilen. Studentenfutter mit dem Messer oder im Blitzhacker nicht zu fein hacken, mit den Haselnüssen und dem Lebkuchengewürz in einer Schüssel mischen. Margarine in einem hohen Topf bei mittlerer Hitze schmelzen, Zucker dazugeben und rühren, bis er sich aufgelöst hat. Den Topf vom Herd nehmen. Nuss-Frucht-Mischung unterrühren.

3 Die Mischung auf dem Teig verstreichen. Das Blech in den Ofen (Mitte, Umluft 160°) schieben und ca. 35 Minuten backen. Aus dem Ofen nehmen und leicht abkühlen lassen. Den Kuchen in 30 Quadrate schneiden und diese noch einmal diagonal halbieren, sodass Dreiecke entstehen.

KANN ICH DIE ECKEN AUCH BACKEN, WENN ICH MAL KEIN STUDENTENFUTTER ODER PFLAUMENMUS HABE?

Klar! Studentenfutter kann man durch 200 g gemahlene Mandeln oder Haselnüsse ersetzen. Statt Pflaumenmus kann man unter den Nussbelag auch Aprikosenmarmelade streichen.

schön fruchtig

LINZER SCHNECKEN

100 g Margarine
100 g Zucker
1 Ei
1/2 TL Lebkuchengewürz (nach Belieben)
75 g gemahlene Mandeln
75 g gemahlene Haselnüsse
150 g Mehl
4 EL Preiselbeerkonfitüre

Außerdem:
Mehl zum Arbeiten
Puderzucker zum Bestäuben

Für ca. 40 Stück | Zubereitung **30 Min.** | Backzeit **25 Min.**
Pro Stück ca. **75 kcal, 1 g EW, 4 g F, 7 g KH**

1 Margarine, Zucker, Ei, Lebkuchengewürz, Mandeln, Nüsse und Mehl zuerst mit den Knethaken des Handrührgeräts, dann mit den Händen zu einem glatten Teig verkneten.

2 Den Backofen auf 180° (Umluft 160°) vorheizen. Den Teig auf bemehlter Frischhaltefolie (ca. 50 x 30 cm) ca. 1/2 cm dick zu einem Rechteck von ca. 40 x 25 cm ausrollen. Die Preiselbeerkonfitüre darauf verstreichen. Das Teigrechteck mit Hilfe der Folie von der langen Seite her aufrollen und in Folie gewickelt 5 Min. ins Tiefkühlfach legen. Dann vorsichtig auspacken und mit einem scharfen Messer in ca. 1 cm dicke Scheiben schneiden.

3 Die Schnecken auf ein mit Backpapier belegtes Blech legen und im Ofen (Mitte) ca. 20 Min. backen. Auskühlen lassen, mit Puderzucker bestäuben und in einer Vorratsdose aufbewahren.

MEIN TAUSCH-TIPP

120 g getrocknete Cranberrys unter den Nuss-Teig kneten. Mit den Händen ca. 45 walnussgroße Kugeln formen. Auf ein mit Backpapier belegtes Blech setzen, mit 2 EL Milch bepinseln und im vorgeheizten Ofen bei 180° (Mitte, Umluft 160°) ca. 25 Min. backen.

PLÄTZCHEN CROSSOVER

viva Italia!

ROSMARIN-HONIG-CANTUCCINI

2 EL frische Rosmarinnadeln ++ 3 Eier ++ 100 g Zucker ++ 75 g flüssiger Honig ++ 400 g Mehl ++ 1/2 Päckchen Backpulver ++ Salz ++ 100 g Pistazienkerne

Für ca. 50 Stück | Zubereitung **15 Min.** | Backzeit **35 Min.**
Pro Stück ca. **55 kcal, 2 g EW, 1 g F, 9 g KH**

1 Die Rosmarinnadeln fein hacken. Die Eier zuerst mit dem Zucker sehr schaumig schlagen, dann nach und nach den Honig zugießen. Das Mehl mit dem Backpulver, 1 Prise Salz und dem gehackten Rosmarin mischen und unter die Eiermasse mengen. Zum Schluss die Pistazienkerne unterkneten.

2 Den Backofen auf 180° (Umluft 160°) vorheizen. Backblech mit Backpapier auslegen. Den Teig in drei Portionen teilen und mit bemehlten Händen zu Rollen (ca. 3 cm Ø) formen. Die Rollen etwas flach drücken und auf das Blech legen. Im Ofen (Mitte) ca. 17 Min. backen.

3 Das Blech herausnehmen und etwas abkühlen lassen. Den Ofen eingeschaltet lassen. Von den Rollen mit einem scharfen Messer 1 cm dicke Scheiben abschneiden und mit der Schnittfläche nach unten auf zwei mit Backpapier ausgelegte Bleche legen. Weitere 10–15 Min. backen, bis die Cantuccini goldbraun sind, aus dem Ofen nehmen und abkühlen lassen.

zitrus-frisch

WEISSE SCHOKO-LIMETTEN-COOKIES

50 g weiße Schokolade
100 g Margarine
200 g Zucker
2 Eier
3 EL Saft und die Schale von 2 Bio-Limetten
280 g Mehl
1 TL Backpulver
1/2 TL Salz
100 g gehackte Pistazienkerne

Außerdem:
Mehl zum Arbeiten

Für ca. 30 Stück | Zubereitung **25 Min.** | Backzeit pro Blech **20 Min.**
Pro Stück ca. **120 kcal, 2 g EW, 5 g F, 15 g KH**

---

1 Die Schokolade im Blitzhacker oder mit einem scharfen Messer grob hacken. Margarine und Zucker mit den Quirlen des Handrührgeräts verrühren. Nach und nach die Eier sowie Limettensaft und -schale unterrühren. Zuerst Mehl, Backpulver und Salz mischen und mit den Knethaken des Handrührgeräts unterarbeiten. Zum Schluss Pistazien und Schokolade unterkneten.

2 Den Backofen auf 190° vorheizen. Mit zwei Teelöffeln Teighäufchen auf zwei mit Backpapier belegte Bleche setzen – dabei etwas Platz lassen – und im Ofen (Mitte, Umluft 175°) ca. 20 Min. backen, bis sie goldbraun sind.

KÜRBIS-LOIBERL

Europa trifft Asien

1/2 Apfel
100 g Kürbis
50 g Amarettini
150 g Mehl
1/2 TL Ingwerpulver
1 Ei
5 EL Ahornsirup
Puderzucker nach Belieben

Für ca. 30 Stück | Zubereitung **15 Min.**
Backzeit **20 Min.**
Pro Stück **ca. 35 kcal, 1 g EW, 1 g F, 6 g KH**

1 Den Apfel vierteln, entkernen und schälen. Den Kürbis ebenfalls schälen und putzen, beides grob raspeln. Die Amarettini mit einem scharfen Messer grob zerkleinern. Den Backofen auf 180° vorheizen.

2 Mehl und Ingwerpulver mit dem geraspelten Apfel-Kürbis-Mix mischen. Das Ei zugeben und mit dem Handrührgerät gut vermengen. Ahornsirup zugeben und mit den Amarettinibröseln zu einem cremigen Teig verarbeiten.

3 Vom Teig mit zwei Teelöffeln walnussgroße Portionen auf ein mit Backpapier belegtes Backblech häufen. Im Ofen (Mitte, Umluft 160°) ca. 20 Min. backen, bis die Plätzchen goldbraun sind. Herausnehmen und auskühlen lassen. Dann nach Belieben mit Puderzucker bestäuben.

harte Kruste, weicher Kern

ÜBERRASCHUNGS-IGLUS

1 Eiweiß ++ Salz ++ 30 g Zucker ++ 75 g gemahlene Haselnüsse ++ 15 Oblaten (5 cm Ø) ++ 15 Karamell-Nougat-Pralinen (z. B. Toffifee)

Für 15 Stück | Zubereitung **20 Min.** | Backzeit **25 Min.** | Trockenzeit **30 Min.**
Pro Stück ca. **90 kcal, 1 g EW, 6 g F, 8 g KH**

1 Den Backofen auf 140° vorheizen. Das Eiweiß mit 1 Prise Salz steif schlagen. Den Zucker unter Rühren einrieseln lassen und so lange weiterschlagen, bis die Masse glänzt. Die gemahlenen Nüsse vorsichtig unter den Eischnee ziehen.

2 Die Oblaten auf ein mit Backpapier belegtes Blech setzen. Auf jede Oblate 1 Praline mit der geraden Seite nach unten setzen. Über jede Praline 1 gehäuften TL Baisermasse geben, sodass sie vollständig umhüllt ist. Im Ofen (Mitte, Umluft 120°) ca. 25 Min. backen. Den Ofen ausschalten, die Überraschungsiglus bei leicht geöffneter Backofentür weitere 30 Min. trocknen lassen.

Genehmigte Sonderausgabe 2016 für Caesar & Loretz GmbH, Hilden

Die Autorin

Cora Wetzstein ist Diplom-Oecotrophologin und liebt es, in ihrer Küche zu experimentieren. Sie hat eine Vorliebe für schnelle, aber abwechslungsreiche und fantasievolle Rezepte. Und das gilt bei ihr auch fürs Plätzchenbacken. Die Themen Ernährung und Genuss begleiten sie daneben bei ihrer Arbeit in einem Redaktionsbüro.

Der Fotograf

Klaus-Maria Einwanger ist selbstständiger Fotograf in Rosenheim. Vor Ort und im Ausland arbeitet er für Zeitschriften, Buchverlage und Werbeagenturen. Kreativ setzt er dabei Food-Spezialitäten aus aller Welt perfekt ins Bild. Fürs Foodstyling war **Daniel Petri** zuständig.

Bildnachweis

Alle Bilder Klaus-Maria Einwanger, Rosenheim

Programmleitung: Doris Birk
Leitende Redakteurin: Stephanie Wenzel
Redaktion: Stefanie Poziombka
Lektorat: Adelheid Schmidt-Thomé
Korrektorat: Mischa Gallé
Layout, Typographie und Umschlaggestaltung: Lucie Schmid, independent Medien-Design, München
Illustrationen Seite 4: Harold Lazaro, Backyard10, München; außer S. 4, fünfte von oben: Betti Trummer, Karlsruhe
Satz: Filmsatz Schröter, München
Herstellung: Gloria Pall, Mendy Jost
Reproduktion: Repro Ludwig. Zell am See
Druck und Bindung: Dimograf

ISBN 978-3-8338-0686-5

Die Temperaturangaben bei Gasherden variieren von Hersteller zu Hersteller. Welche Stufe Ihres Herdes der jeweils angegebenen Temperatur entspricht, entnehmen Sie bitte der Gebrauchsanweisung. Bei Elektroherden können die Backzeiten je nach Herd variieren.

GRÄFE UND UNZER

Ein Unternehmen der
GANSKE VERLAGSGRUPPE